그리움으로 가는 파도

그리움으로 가는 파도

이태규 제5시집

도서출판 명성서림

시인의 말

하늘과 땅
산과 바다
비와 눈
꽃과 풀
슬픔과 영광
만남과 헤어짐
모두
그리움으로 파도 칩니다.

시를 쓴 것이 아니라
쓰여졌습니다.

    2023년 새해에
      지록당에서

투명함에 대한 오해

집을 수리하다가
마당에 버려진 깨진 유리창
유릿날들이
나를 겨냥하고 있다
늘 반질거리는 것에 대하여
조금 못마땅해 하기는 했지만
그렇게까지 원한 살 정도는 아니었는데
내 작은 빈정거림에
속이 많이 상했었나 보다
속죄하는 마음으로
유리조각을 주워 재활용 봉투에 넣었다
며칠이 지났을까
그 풀숲에서 아직도 살기를 꺾지 않고
노려보고 있는 유리 파편들을 보았다
유리는 늘 투명해서
속도 없는 줄 알았는데
보이지 않는 것의 속보다
보이는 것의 속이 더 깊었다.

Misunderstandings Regarding Transparency

While repairing my house,
I find the blades of glass dropped onto the yard
From a broken window glaring at me.
During repair work on the house
I was a little unhappy about their tints
But not really aggrieved.
They must have been deeply hurt by my teasing.
With a contrite heart
I picked up the splinters of glass,
Putting them in a recycled envelope.
Days afterwards
I noticed the splinters of glass
Looking daggers at me with unmitigated enmity
From within the grasses.
I'd had thought that glass, being transparent all the time,
Harbored no ill will.
The mind of what was visible was deeper
Than what was invisible.

향기의 나이테

나는
숲 속에서 향기를 캔다
가느다란 손가락으로 향기를 캔다
자갈밭 돌 틈에 뿌리를 박고
온통 향내로 키운 더덕 뿌리
계속 자갈과
황토 흙을 긁어낸다
그러나 더덕 뿌리는 쉽사리
속살을 드러내지 않는다
둥근 나이테만큼
깊게 뿌리박은 향내
조금씩 모습을 드러낼 때마다
깊고 깊은 고향 향기를 뿜어낸다
나는 더덕 캔 구덩이에
내 무취한 마음 묻어놓고
천천히 발길을 돌린다.

The Annual Ring of Fragrance

I collect fragrance in the forest.
I gather fragrance with my slender fingers.
The Korean mangrove I've cultivated with fragrance
Has put down its roots among rocks in the pebble field.
Again and again I scrape out the pebbles and the ocher.
But the mangrove does not easily divulge its inner flesh.
The fragrance has let down its roots
As deep as the round annual ring.
Each time it divulges its appearance bit by bit,
It exudes a deep-going nostalgic fragrance.
I burn my odorless mind
In the pit where I collected the mangrove roots,
And I languidly turn my steps elsewhere.

나는 당당하게 무너지고 싶다

장군마을 어귀에는
늙은 느티나무 한 그루가
하현달빛 아래 토르소가 되어 서 있다
손, 발, 목까지 잘려나간 토르소
뻥뻥 뚫린 몸속에는 텃새들이 둥지를 틀고
거뭇거뭇 퇴색한 아랫도리는
오래 전부터 독버섯들이 차지하고 있다
어깨까지 담쟁이 넝쿨에게 점령당하고
온몸은 산모퉁이처럼 푸석푸석 무너지고 있다
그러나 마을 어귀의 어두운 밤을
늠름하게 지키고 서 있는 늙은 수호신
온몸을 다 내주고도 위풍당당하게
캄캄한 밤을 지키고 있는 늙은 느티나무
나는 어느새 영산홍 대나무에 둘러싸여
당당하게 무너지고 있는
늙은 느티나무의 작은 가지가 되어
별빛 쏟아지는 밤하늘로
힘차게 솟아오르고 있었다.

I Want to Crumble Grandly

At the entrance of the village
An old zelkova tree stands as a torso under the crescent moon.
A torso shorn of hand, foot, neck—
In the body riddled with holes
Birds have built their nests.
Its lower part, discolored darkly,
Has long been occupied by poisonous mushrooms.
Even its shoulders were occupied by ivy vines.
The whole body is crumbling like the side of a hill.
The tutelary deity bravely guards the dark night
At the entrance of the village.
Even after offering the whole body
The aging zelkova tree is guarding the dark night with great dignity.
I was becoming small twigs of the old zelkova tree
That was crumbling in dignity, surrounded by azaleas and bamboos,
Energetically soaring into the night sky where the starlight was pouring down.

연꽃

절간 주차장 입구에
"만차"라고 써 있기에
차를 밖에 대고 들어갔다
주차장에 들어가 보니
텅텅 비어 있다
"절도 거짓말을 하는구나" 하고
중얼거리며 법당으로 들어가 큰절을 하고
부처님께 소원을 빌었다
돌아서 나오려는데
부처님이 뒤에서 한 말씀 하신다
"이 사람아 시주는 하고 가야지"
나도 돌아서서 대답한다
"소원성취 하면요"
불이문을 나오려는데
뒤에서 누가 휙 하고
모자를 낚아챈다
모자가 날아가서
연못 한복판에 떨어진다
연꽃이 받아쓰고 빙그레 웃는다
부처님은 연못에

Lotus Flower

At the entrance of the temple's parking lot
There was a notice which said, "no parking space."
So I parked the car outside and went into the parking lot.
The parking lot was quite empty.
"Even temples tell lies," I whispered to myself;
Entering the dharma hall,
I bowed deeply and devoutly and prayed to the Buddha.
As I turned to leave, the Buddha in the back says:
"Man, you must make an offering."
I turn around and respond,
"When I've achieved my wish."
As I come through the gate of non-dualism,
Somebody whisks my cap.
My cap flies and falls
In the middle of the lotus pond.
A lotus flower wears the cap and smiles a hearty smile.
The Buddah is blossoming
All over the lotus pond.

방에 사는 거미

천정에 거미 한 마리가
구멍가게를 차렸다
들판도 있고
산도 있는데
하필 방구석에 사업장을 차린
소심한 성격의 거미
하다못해 추녀 밑이라도
좋았을 것을
날파리도 드나들지 못하는 방에서
무엇을 먹고 살까 걱정했는데
한 달여 지났을까
거미줄에는 곤충의 껍질이 걸려 있고
참깨만 하던 거미가
들깨만큼 자랐다
천정 구석에
사업장 차린 것이 적중한 것이다
자신을 믿으며
자신의 소심함을 극복한 거미
세상에 보이는 것이
모두가 아닌가 보다
거미의 사업성이 돋보인다.

Spider That Lives in the Room

Over the ceiling a spider has opened a mini-shop.
There are both field and hill,
But the narrow-minded spider has built a business place
At one corner of the room, of all places.
It would have been much better even under the eves.
I was concerned about what food he could get in a room
Where even dayflies could not enter.
One month or so later,
In its spider-web there hung the skin of an insect;
The spider which had been the size of a sesame seed
Had grown to the size of a green perilla.
It had been a right decision to build the shop
At a corner of the ceiling.
So the spider's self-confidence overcame his narrow-mindedness.
What appears in the world is not all there is to it.
The spider's business mind looks great to me.

■ 차례

1부
그리움으로 가는 파도

022 | 행운의 길
024 | 생각
026 | 좋은 모자
028 | 간이역
030 | 반복
032 | 그림자
034 | 사과와 사과나무
036 | 불평
038 | 자신도 모르는 시간
040 | 명문가
042 | 복분자
044 | 마음에 부치는 편지
046 | 이름 짓기

023 | 그리움으로 가는 파도
025 | 내가 나를 사랑하는 이유
027 | 상처
029 | 석양 다보탑
031 | 변명의 끝
033 | 당신이 봄
035 | 자벌레
037 | 식탁
039 | 무의식
041 | 거리두기
043 | 매미
045 | 염치
047 | 탈색

2부

가을이 써준 시

050 | 우중에 만난 그대
051 | 가을 소원
052 | 집짓기
053 | 가을이 써준 시
054 | 숙성 포도주
055 | 효도
056 | 근적외선
057 | 이별 그 후
058 | 번지점프
059 | 그리움
060 | 몽돌
061 | 기다림
062 | 떠나는 마음
063 | 오리걸음
064 | 민주주의
065 | 사과 장수
066 | 나무 언덕
067 | 풍경
068 | 벽시계
069 | 냄새
070 | 오늘
071 | 태풍
072 | 목단꽃
073 | 첫 경험
074 | 울릉도 부르스
075 | 욕심

■ 차례

3부

봄이 지어 준 집

078 | 눈오리
080 | 인내심
082 | 명약
084 | 헛소문
086 | 먹이
088 | 숨바꼭질
090 | 비 내리는 날의 명상
092 | 이유 있는 결과
094 | 아래쪽 인간
096 | 행복한 결말
098 | 어머니의 사랑
100 | 가장 아름다운 꿈
102 | 다민족

079 | 봄이 지어 준 집
081 | 지난 시간
083 | 주머니
085 | 괴목
087 | 우주여행
089 | 바람길
091 | 커피꽃
093 | 붕어빵
095 | 영웅
097 | 송아지
099 | 낫 갈기
101 | 공작새
103 | 잔디길

4부
시간이 준 지혜

106 | 출생　　　　　　107 | 경고
108 | 시간이 준 지혜　　109 | 보슬비
110 | 쫄복　　　　　　111 | 자명종
112 | 중년의 사랑　　　113 | 입원실
114 | 반성　　　　　　115 | 석가모니 탄신 일
116 | 술병　　　　　　117 | 가래떡
118 | 허둥지둥　　　　119 | 꽃길
120 | 애완동물　　　　121 | 나무 생각
122 | 청문회　　　　　123 | 먼지
124 | 길에서 만난 사람　125 | 철길
126 | 눈에 보이지 않는 힘　127 | 청계산
128 | 꼬리 개구리　　　129 | 돌밭
130 | 다보도 사랑　　　131 | 최후의 승자

■ 이태규 1~4시집 추천사와 평론 | 134

1부

그리움으로 가는 파도

행운의 길

아름다워야 생각이다
아름다워야 말이다
아름다워야 사랑이다
아름다워야 인생이다

행운이 찾아와서 말했다
"나 지금 당신 앞에 있어
그런데
당신 가슴이 너무 꽉 차 있어서
들어갈 수가 없네"

아기는
울 때도 가슴을 비워 놓는다

그리움으로 가는 파도

보내자
아주 멀리 떠나보내자
미워하자
원망하자
잊자
아주 오래된 일처럼 잊자

그런데
그립다 미치도록 그립다
아주 떠나가버린 줄 알았는데
아주 떠나보낸 줄 알았는데

생각

사람들이 잘 다니지 않는 길에서
딴눈을 팔다가 돌부리에 걸려
개구리처럼 납작 엎어졌다
창피해서
얼른 툭툭 털고 일어나서
주변을 살폈다

늙었다 생각했는데
아직 젊은가 보다
무릎은 깨지고
손바닥에서는 피가 났지만

야! 신난다
신나

내가 나를 사랑하는 이유

내가 나를 미워하는 것은
자연을 역행하고 과학을 신봉하기 때문이다

내가 나를 사랑하는 것은
절에 다니면서 예수님을 사랑하고
교회에 다니면서 부처님을 사랑하기 때문이다

내가 나를 사랑할 수밖에 없는 것은
나를 미워하기도 하고
예뻐하기도 하기 때문이다

좋은 모자

당신은 멋진 모자를 사기 위해서
유명한 시장을 헤매고 다니지만
좋은 모자는 버려라
왜곡된 당신 얼마나 위선적인가.
모자의 본질은 따로 있다.
당신은 지금도 좋은 모자를
쓰지 않아도 멋진 인생이다

진정한 용기가 당신의 좋은 모자다

상처

나는 산에 갈 때마다 상처 난 나무들을 많이 보지만
그중에도 언덕마루에 서서 모진 바람을 맞으면서도
몸집을 크게 키우고 서 있는
떡갈나무 한그루를 눈여겨본다.
군데군데 찢겨 진 상처
뚝뚝 부러진 가지들
밑동 이곳저곳에 붙어있는 버섯들
온몸으로 받아낸 세월
얼마나 춥고 아프고 서러웠을까
세상을 피하지 않고 묵묵히 받아낸 끈기
이만한 상처 없는 사람 있느냐고 말하기는 쉽다

두꺼운 구름이라도 석양은 감추지 못한다

간이역

허름한 간이역에 궂은비가 내린다
어차피 헤어질 운명이었다고 위로하다가
이별이란 말 대신에 후회라고 써놓고
후회라는 말 대신 바꿔 쓸 말을 찾지만
궂은비로 흠뻑 젖는 간이역
녹슨 철길에 납작 엎드려 있다
꼬리도 없이 달아난 급행열차
숨죽인 하늘엔 별빛 한 점 없고
시계탑은 추적추적 눈물만 흘린다
흘러간 세월 허무하게 무너진 약속

간이역은 후회하는 마음만 자유다
간이역에 우산 하나 씌워주고 싶다

석양 다보탑

석양에 기대어 울어요
추억으로 흐느껴 우는 시계
그 사람은 나에게 벗지 못할 안경
측백나무 울타리엔 방울진 슬픔만 가득
인생길 굽이굽이
기억 속에만 있어도 행복합니다
참을래요.
나 떠나간 사랑
어딘가로 바람처럼 흘러요
아침에 일어나면 그대는 무엇을 생각하나요
그대가 그리워서 오늘도 일찍 일어났어요

그대와 지내온 세월
의미 없는 건 하나도 없어요

반복

실수하지 않는 것은 신의 영역
한두 번 실수하는 것은 인간의 영역
계속 반복하는 것은 짐승의 영역
물론 인간의 눈을 기준으로

왜 나는 실수를 반복하는가
반성 없는 사람을 비난하면서도

변명의 끝

가을 잎들이 오색 변명을 시작했다.
변명하는 것은 양심이 있다는 증거
변명의 끝은 각자가 살아온 색깔로 귀결된다
단풍은 그래서 떨어질 줄을 안다.
이때 스스로 떨어질 줄을 모른다면
그동안의 변명은 헛된 꿈이 되어버린다

세상에는 단풍들지 못하는 몰염치들이 많다.
그런 사람들은 단풍을 아름다움으로만 읽는다

그림자

나는 이 녀석에게 완전히 속고 말았어.
처음에는 늘 가까이에 있으면서 잘 따르니까 잘 대해 주었지
그런데 나는 최근에야 이 녀석에게 철저히 속고 있다는 걸 알았지
이 녀석 내 발꿈치를 물고 있는 거야
종일 따라다니고도 모자라서 집에까지 따라온 거야
참 끈질긴 녀석
밟히고도 죽은 듯 납작 엎드려 있더니
잠자리까지 들어 온 거야
불을 끄고 누워서 생각하니 어딘가 에서
지켜보고 있겠구나, 생각하니 정신이 번쩍 드는군
이 녀석 감시자가 분명해
그동안 이 녀석에게 너무 많은 약점을 잡힌 거야
이러지도 저러지도 못하고 살아야 한다고 생각하니 정신이 먹먹 하구먼

그냥 떨쳐버릴 수 없는 이 녀석 내일 또 따라나서겠지
이 녀석 내 속도 모르고 빙그레 웃고 있네

당신이 봄

저 넓은 하늘에
태양이 없다면 얼마나 어두울까?
별 가득한 밤하늘에
은하수가 없다면 얼마나 쓸쓸할까?
이렇게 외딴집에
창문이 하나 없다면 얼마나 답답할까?
내 추억 속에
그대가 없다면 얼마나 고독할까?
지금 내 곁에
그대가 없으면 얼마나 불행할까?

사람은 사는 동안
슬픈 달력을 몇 장이나 찢어야 되나

사과와 사과나무

사과나무에는
사과를 방해하는 벌레가 산다
잎을 갉아 먹고 구멍을 뚫고
이곳저곳에 집을 지어 놓고 가지를
넘나들며 영역을 넓힌다

집게로 잡으려 하자
똥낀 놈이 성낸다더니
털을 세우고 엉덩이를 바짝 치켜들며
저항하는 꼴이 가관이다
이렇게 뻔뻔한 놈이 있나

그렇다고 쉽게 물러날 집게가 아니지
집게에는 몇 마리의 방해가 잡혀 나가고
사과나무에는 저 벌레와 함께 살아온 사과가
빨갛게 익어간다

자벌레

자벌레가 잰 세상은 감당할 거리를 초과할 때가 있다
자벌레가 세상을 재면서 기어간다
가다가 멈추더니 오른쪽으로 방향을 튼다
그렇게 몇 걸음 더 기어가더니 다시 멈춘다
꽁무니를 머리에 바짝 끓어댔다가 풀고 허리를 펴더니
무언가 제 뜻대로 되지 않는지 꼼짝 않는다
그래
세상일이 네가 잰 대로 그렇게 되더냐
나도 살아보니
내 뜻대로 되는 일은 반에 반반도 안 되더라
이제부터라도 너무 재지 말고 소탈하게
사는 게 어떻겠니
세상을 재면서 살려고 고집하다 보니 짜증만
한 섬이더라

나도 모르는 순간 또 나는 자벌레가 되었다

불평

아침마다 수염이 길었다고 불평하지 말아요
일주일마다 손톱이 길었다고 불평하지 말아요
오늘 밤도 잠 못 드는 밤이라고 불평하지 말아요

언젠가는 수염도 손톱도 길지 않는
잠 못 드는 밤이 찾아올지도 모르니

식탁

　오직 사람이 되려는 일념으로
　춥고 뜨겁고 벌레들과 싸우면서 이 집 식탁까지 왔는데
　날마다 부부는 껌딱지니 외출도 못하고
　재미없게 사는 것 같아 끔찍하다
　사람 사는 게 다 그렇지
　언제 날마다 제 마음대로만 살 수 있어
　관심이 있으니 붙어 있는 것 아냐
　시금치 상추 쑥갓 미나리 배추 무 고추 가지들이 갑론을박 중이다
　누구는 그래도 사람이 되겠다고 젓가락을 기다리고
　누구는 싫다고 젓가락을 피해 몸을 숙인다
　풋고추가 갑자기 몸을 곧추세우며 말한다

　우리가 힘들게 몸을 키운 경력으로
　누구는 이 사람의 머리가 되고
　누구는 가슴이 되어 이성도 감성도 다스리면 되지 않겠어
　식탁은 잠시
　조용해지는가 싶더니 다시 갑론을박으로 덜컹댄다

자신도 모르는 시간

우리 집 벽시계가 멈춰 섰다
멈추기 전에 시간이 자꾸
빨리 가서 시계가 고장 났구나 생각했다
새 건전지로 바꿔 끼고 시간을 맞췄다
고장 난 줄 알았던
시계가 너무 정확하게 잘 맞는다
이런 일이 몇 차례나 반복되었다
우연이겠지 라고 생각했다
과학적 지식은 없는 탓으로

자신을 억제할 힘이 없어지면 일어나는 저 현상
우리 집 시계에서만 일어나는 일인지 모르지만
달아버린 건전지로
나는 얼마나 많은 날을 헛살았는가

무의식

팔이 발이 머리가 눈이 귀가 어디 붙어있는지
의식하지 못할 때가 건강한 때다
일하거나 운동을 한 후
크게 쓴 근육이 아픈 것이 건강한 것이다
날마다 미리 염려하는 것이 아픈 것이다

행복은 옆에 있을 때는 못 느끼지만
떠난 후 쉽게 알게 되는 괴물이다

명문가

매번 산책 때마다 눈여겨 봤던 도토리나무
힘차게 자라고 있는 저 어린 도토리나무는
미끈하게 잘 생기고
튼튼한 것으로 보아 실한 도토리가 많이 열릴 것이다.
저 큰 도토리나무의 자손임이 분명하다

성실한 자신의 역할에 충실한 나무
누구나 보면 탐낼 만한 나무 가족
나는 저 도토리나무의 가계에 들어가기 위해서
농장에 정성껏 옮겨심는다

거리두기

이거 하나 알기까지 반평생이 걸렸다.
남편과 아내 사이
부모와 자식 사이
형과 동생 사이
남과 나 사이에
일정한 거리가 있다는 걸
거리를 두어야 한다는 걸
그 사이로 비바람 눈보라가 지나가고 있다는 걸
지나가게 길을 터줘야 한다는 걸 이제야 알았다.

그걸 모르고 사는 것 용기라고 생각했다
그 용기 때문에 상처가 있었다는 걸 이제야 알았다

Covid-19가 그걸 알려줬다

복분자

복분자를 따다가
이 녀석들은 따다 먹지도 못 하나
쇠스랑으로 땅을 파다가
이 녀석들은 와서 땅을 파주지도 않나
원망을 하다가
나는 아직 아버지가 되지 못했구나 생각했지
아버지는 밤을 주워서 한 말씩
담아 주면서 아무 말씀도 하지 않았지

내가 방에 누워 있을 때도 아무 말 없이
땅을 파셨지
아버지는

매미

매미 한 마리가 문간에 누워 있다.
몇 분 동안 죽은 듯 미동도 없다
오랫동안 땅속에 있다 나와서 제 할 일은 다 했나
너무 열심히 하다가 졸도 했나
죽었나
걱정하는 손이
화단에 버리려고 집으려 하자
갑자기 날아가 버린다
내게 무슨 할 말이 있었던 건 아닐까
저 녀석은 그 귀한 시간을 왜 죽은 척하고 있었을까

사람들도 이렇게 죽은 척하고 사는 사람들이 많지
이렇게 죽은 척하고 살아야 할 때가 있지

마음에 부치는 편지

여보시게
내가 만약 죽는다고 하더라도
마음 까지 같이 죽는 건 아니잖소
마음은 한없이 깊고 넓어서
어디까지도 오고 갈 수 있다고 합디다
너무 슬퍼하지 말기로 하세
매년 찾아오는 매화를 보세
위에서는 피고 아래서는 지고
아래서는 피고 위에서는 지고
꽃 진 자리에서는 열매가 맺고
아마
우리에게도
보이지 않는 어떤 질서가 있을 걸세
우리들이 멀리 떨어져있을 때나
가까이 있을 때나 여전하였잖소

생각에 따라서는 죽음과 삶이
그것이 그것이니
늘 소통할 수 있을 것이오
바람이 있는 한
파도는 늘 출렁일 것이므로

염치

밤중에 닭장에 족제비가 들어와서
닭 한 마리를 죽여 놓았다

닭집 앞에 지키고 있던 개가 두 발을 모으고
귀를 늘어트리고 납작 엎드려 있다
입은 조금 벌리고 무슨 말을 하려는 눈치다
"네가 무슨 잘못이 있다고 염치없어해
목줄에 묶여 있었으면서---"

요즈음은
세상에는 염치 모르고 날뛰는 자들도 많은데
개 신분에 그렇게까지 납작 엎드려 있으니
오히려 내가 민망하구먼!

이름 짓기

함부로 이름 짓지 마라.
당신의 한마디에
잡초라는 이름으로 뽑히고 잘려나간다
잡놈, 잡동사니, 잡종지, 잡초,
달맞이꽃, 개망초, 갈퀴나물,
밭에서도 논에서도
집안에서 길가에서
똑같이 자라서 똑같이 꽃피웠다
어떤 때는 더 아름답기까지 했다
그러나 네가 이름 짓고 나서부터

잡초라는 이름으로 뽑히고 잘려나간다
부모님이 자식 이름 지어 주듯 할 일이다

탈색

시인들이 보내준 시집이 탈색되었다.
어느 시인은 고인이 되었다.
내 시집도 십여 년이 지나자 탈색되어가고 있다
이제 곧 정리해야겠다고 생각하다가
어딘가 아쉬운 생각이 들어서 책을 펼쳤다.
시간은 생각까지 탈색시키지는 못했다
시간이 지나도 탈색되지 않는 것이 있구나

알맹이는 오히려 전에 읽을 때보다
더 풍부하고 새롭고 알차고 다정하고
눈물 나게 그리워지는구나!

2부

가을이 써준 시

우중에 만난 그대

비가 와서 냉장고를 정리한다
냉장고 안에는 과거와 현재가 함께 들어있다.
문을 열자 현재가 우르르 쏟아지고 뒤를 따라
과거가 쏟아진다
냉동실 깊은 곳에는 아주 오래된 과거가 있다.
어느 과거는 이미 악취까지 난다
현재에도 과거의 악취가 배었다.
유통기간이 지난 것은 미련 없이 버리자
그러나 마음은 갈등으로 머뭇거린다
냉장고에서는 과거와 현재가 공존하고 있었다.

과거는 현재를 구속하는 몇 개의 덫이 있다.

가을 소원

창문에 걸터앉은 가을이 내게 온다
하얀 초승달은 나뭇가지에 걸려 울고
애절한 풀벌레 소리 긴밤을 지새우는구나
여름은 초록빛으로 무너진지 오래
가을은 오색 물결로 스멀스멀 시드는데
산바람이 가시처럼 옷가슴을 찌른다
아아아 그리워라 그대의 온기여
가을이여 가을이여 내 사랑을 아시는가
내 사랑 애달픈 침묵 속에 깊었어라
가을이여 가을이여 나를 질투하지 마시라

나는 가을을 누릴 만큼 고뇌와 싸웠노라
가을의 한복판으로 나를 데려다 주시게나

집짓기

자투리 탕에 집을 짓는다
방을 만들고 주방 거실을 만든다
뜻대로 만들 수는 없다.
방이나 주방 거실의 모양이 삼각 오각
심지어는 원형으로 만들어야 한다
남은 곳은 마루와 복도로 보완하여야 한다
대청마루 툇마루 쪽마루 누마루 들마루
누구는 그 모양이 더 아름답다고도 한다
아름다운 집을 지을 수 있는 능력은
누구에게나 있는 것은 아니다

인생이란 자투리땅에 집을 짓는 일이다

가을이 써준 시

나는 외로울 때 오솔길을 걷지요
낙엽 지는 소리를 밟으며 걷다 보면
작은 호수를 만나요
파랗게 뚫린 하늘과 햇살이 가라앉은 호수
단풍진 산과 나목들이 차가운 물에
스스로 몸을 담그고
갑자기
그 사이를 자르며 지나가는 원앙 한 마리
둥근 바위 의자는 자꾸 나를 앉히려 하지만
나는 아직 고요에 들 준비가 되어 있지 않죠
눈을 감은 그 자리는 세월만을 추억하고
싸늘한 산바람 아픈 마음을 흔들면-

가을은 외로움이 함께 있어서 따뜻하죠

숙성 포도주

내 외로울 때 찾아오는 그대
내 삶이 아플 때마다 찾아주는 그대
두 팔로 안아주며 위로해주는 그대
말없이 따뜻하기만 한 눈길
돌아서며 아쉬워하는 고요한 미소
조용히 흘러가는 잔잔한 물결
늘 가슴 가득 가득 채워주네

은은하게 취하게 하는 그대
나 그대에게 미쳤다오

효도

아들아 딸아
엄마 아빠에게 해줄 일이 없다고 말하지 마라
우리가 늙어간다고 슬프다고 말하지 마라
우리의 병든 모습이 너무 안타깝다고 말하지 마라

우리는 너희들이 그저 바라만 봐주어도 고맙단다
우리는 매일 뜨는 해와 달이 고마울 뿐이란다
우리는 해와 달처럼 너희들을 사랑한단다

근적외선

커피가 너무 뜨거워서 마실 수가 없어요
뜨거운 커피를 홀짝홀짝 마시다가
적당히 식기를 기다리는 동안
잠시 손편지 몇 줄 쓴 것뿐인데
커피는 싸늘하게 식어버렸어요
공들여 끓인 커피를 버리진 못하죠
식은 커피도 그대로의 맛은 있으니까요.
우리도 점점 식어가는 커피가 아닌가요

창밖을 바라보는
차가운 커피잔이 슬퍼 보여요

이별 그 후

이별 앞에서 무슨 말이 필요할까요
그저 말없이 떠나렵니다
저 바다 건너로 저 산 너머로
그저 말없이 떠나렵니다
아무도 살지 않는 곳으로
나 홀로 마음껏 외로워야 하겠습니다

외롭다 보면 이별 전의 사랑이
아주 아름다워질지도 모릅니다
지난날이 한없이 그리워질지도 모릅니다

번지점프

햇살은 눈 부시고 바람은 고요한데
막다른 발판 끝에서
뒤꿈치는 바꾼 뒤로 밀어내고
발끝은 바꾼 뒤로 물러선다
가슴은 초조한데
강물은 더 푸르게 보인다
아님 다시 뛰어오를 것이 겁나는 거야
덜덜 떠는 네 종아리가 창피하지 않아
눈을 확실히 뜨고 뛰어내리는 거야
누구나 뛰어내리는 방향은 달라
모든 생명줄은 앞으로 향해있어
더 이상 망설이면 안돼 그대로 뛰어내려
잠시 숨 고르고 침묵 속으로 뛰어내려
뛰어내려야 신세계를 보지
파우스트처럼 내던져봐

청춘이란 더러 무모한 도전이기도 하지

그리움

농장에 사과나무 한그루가
시들시들 죽어간다
나무는 자신이 죽어가는 것을 알까?
4~5년 전에 옮겨심은 나무다
옆에 함께 심은 나무는 싱싱하다.
같은 나무인 줄로 알았는데
옛 땅이 그리워서 죽는가 보다
봄비에 다시 살아날 수 있을까?
추적추적 내리는 봄비에 그리움이 젖는다

나무도 그리움 때문에 몸살을 하는 것일까

몽돌

몽돌해수욕장에 가면 나도 둥글어진다
맨발로 몽돌 위에 선다
둥근 것의 따뜻함이 가슴까지 올라온다
파도가 발끝을 툭 치고 내려간다
파도가 깎고 자신이 다듬어서 된 몽돌
그곳 사람들도 몽돌이다
모난 돌도 몽돌 속에 들어가면 몽돌이 되듯이
둥굴레차에도 모난 성격을
깎아내는 성분이 들어있다는데
둥굴레라는 이름 때문이라는데
나는 오늘부터 둥굴레차를 마셔야겠다.
속과 겉이 몽돌이 될 때까지

친구들아 기다려라
나도 둥굴레 몽돌이라 불려질 때가 있을거야

기다림

산길을 가는데
나뭇가지가 툭 건드린다
산짐승도 지나갈 때 건드렸겠지
추운 겨우내내 얼마나 쓸쓸했니?
그래 미안하다
이제 봄이 와서 네 곁으로 왔단다
멈춰 서서 가지에 손을 얹는다
심장 뛰는 소리가 들린다

너는 겨울에도 봄이었구나
가지에 새순들이 툭툭 터진다

떠나는 마음

눈꽃은 슬픔 위에 피는 꽃이다
추울수록 오래 피는 꽃이다

떠나갈 때 마음이 어떨까
떠나갈 수밖에 없을 때 마음이 어떨까
생각만 해도 마음이 먹먹하다

오리걸음

얼음판 위에 걸어가는 오리 떼를 보았는가
눈이 오고 물이 꽁꽁
얼어붙었지만 숨구멍을 찾아 뒤뚱뒤뚱 걸어가는 오리 떼
먹을 것도 없다 물 한 모금도 없다.
그럴수록 걷고 걸어가야 한다.
생명수까지 걸어가야 한다.
우리가 그랬었지

아주 어렸을 때는
홑바지를 입고 맨 들판을 그렇게 달렸지

민주주의

농사가 민주주의다
땅은 차별을 싫어한다
땅은 거짓말을 안 한다
농사는 땅에서
심는 대로 백배로 돌려준다

농군은 흙이 밥이다

사과 장수

길가에 트럭 한 대가
사과밭을 통째로 싣고 왔다
아저씨는 사과 맛이 좋다고
소 몰 듯 소리 지르고
지나가는 아줌마들은 검은 봉지에
사과나무 몇 개씩 들고 간다

그대로 지나지 못하는 아줌마 마음이
사과밭을 통째로 파갔다

나무 언덕

여름엔 나무가 더울까 봐
바람이 불어요
산 아래부터 언덕 위까지 불어요
가지가 부러질까 봐
살금살금 불어요

바람이 불면 나무는 고맙다고 인사를 하죠
허리를 숙여서 인사를 해요

풍경

강물은 산 그림자와 함께 춤을 추어요
오리가 새끼 오리 데리고 와서 춤을 추어요
바람도 갈대숲에서 사각사각 춤을 추네요
산 넘어가는 석양도 춤추러 왔어요
강가에는 춤꾼들만 모여 사나 봐요

새끼오리가 춤추다가 꾀가 나서 물속으로 숨었어요

벽시계

우리 집 벽시계가 고장 났어요
똑딱 똑딱 똑딱 똑똑
소리를 내던 벽시계가 입을 다물었어요
할아버지께서 세월이 멈춰 서서
좋다고 말씀하시네요
그게 무슨 말씀인지는 몰라도

할아버지가 좋아하시니 나도 좋아요

냄새

개에게는 개 냄새
사람에게는 사람 냄새가 난다
요즈음에는
개에게서 사람 냄새가 나고
사람에게서 개 냄새가 나는 경우도 있다
그래서일까

냄새로는 개인지 사람인지
구별할 수 없는 세상이다

오늘

인간은 참 미련한 동물인가보다
할 수 없어진 후에야 후회하고
잃은 후에야 후회하고
하지 못한 일을 후회하고
나이를 먹어도 아이 같이 생활하고
늘 똑같이 되풀이되는 생활
화살같이 흘렀구나
겨울 부채처럼 살았구나
미안합니다
고맙습니다
사랑합니다
왜 이런 말을 아꼈을까
아깝구나

그래도 오늘이 있어 다행이다
오늘에게 감사의 인사를 드린다

태풍

사랑은
그리움이래요
괴로움이래요
미움이래요
뜨거운 눈물이래요 그렇게 힘든 사랑
나는 나는 하지 않을래요
더 이상 더 이상 흘릴 눈물도 없어요
그런데 그런데
불길 같이 바람같이 사랑이 왔어요
변덕쟁이 변덕쟁이 야릇한 사랑이
태풍에 가로수처럼 나를 흔들어요
어디론가 나를 끌고 가요
새싹이 쏙쏙 돋아나요
나를 사랑한다고 말하면 안 되나요?

나를 뺏어간 그대 그대를 사랑해요

목단꽃

목련꽃과 목단꽃은
같은 목씨 집안 출신인데
목련꽃은 봄이 되자마자
조급증으로 꽃을 피워 내고
목단꽃은 봄이 되어도 새싹인지
꽃봉오리인지
느긋하게 봄이 익기를 기다린다
새잎을 틔우고 꽃대를 세우고
생강나무 산수유 진달래 사과 배 매실
다른 꽃향내 다 맡고 나서야
유난히 붉고 화려하게 꽃을 피운다
자식도 낳지 않는 야박한 인심 속에서
꽃 속에 알토란같은
자식 다섯씩이나 금실로 고이 싸서 안고 환하게 핀다
잔뜩 흐린 날에도
아침에 활짝 피고
저녁에는 다소곳이 눈을 감고 명상에 드는 꽃

올해는 유난히 몸살 하는 봄이다
그래도 목단꽃은 내게로 와서 환하게 피는구나

첫 경험

휴대전화에 알람을 설정해놓고 잠을 잔다
불안해서 이중으로 설정한다
불안으로 꿈을 꾸기도 해서
꿈인지 생시인지 헷갈릴 때도 있다
탁상시계에 설정하고 잘 때는 그렇게 불안하지 않았는데
세계제일의 첨단기계라는
최신휴대전화에
설정하고도 불안한 까닭은 무슨 연유일까

처음 가는 길에는 늘 불안이 깔려있는가 보다

울릉도 부르스

바람아 불어라 갈매기야 날아라
파도에 묻어둔 꽃 사랑도 날아라
갯바람에 보슬비도 녹이 슬어 붉구나
수평선 일렁이는 그 사랑은 어디 가고
둘레길 굽잇길 돌고 돌아 그 자리
뱃길 떠난 오징어 배 불빛만 아득한데
아~도동항 계선주에 홀로 우는 갈매기야
출렁이다 부서지는 울릉도 부루스

욕심

오이무침을 만든다
양재기에 오이를 뚝뚝 썰어놓고
간장 고춧가루 양파 마늘
고추장을 적당히 넣고 묻힌 다음
마지막으로 깨소금 조금 뿌리면
완성
양념!
얼마나 제맛을 내고 싶을까

양념이 원재료의 맛을 망치게 되면
그 양념은 오래가지 못한다

3부

봄이 지어 준 집

눈오리

첫눈이 마음껏 내렸다
햇살이 옷을 벗긴다고 했던가
담장 위에 만들어놓은 눈오리
눈오리 얼굴에 눈을 그려 놓고
입은 활짝 웃게 그렸다
그렇게 만들어놓은
눈오리가 한 마리씩 날아갔다
언제부턴가 생각했다
사람들도 눈오리 같은 존재가 아닌가

친구야!
눈오리가 되지 말자

봄이 지어 준 집

창문을 열어 놓았더니
꽃잎 한 장 날아들어 와서 거미줄에 걸렸어요
거미줄이 있었던 걸 꽃잎이 가르쳐주었죠
꽃잎 중에서도 아주 작은 꽃잎 한 장
거미줄에 대롱대롱 매달려있는 것이
아기 그네 타듯 앙증맞네요
꽃잎을 건드렸더니 벌써 꽃잎 밑에서
거미가 나오네요
봄은 세상 물정 모르고 방안에만 사는 거미에게
예쁜 꽃집 하나 지어 주고 싶었던 게죠
봄은 누구에게나 찾아옵니다

꽃집은
남이 지어 주어야 더 아름다워 보여요.

인내심

봄이 되었는데 감나무는 싹이 트지 않고
감감무소식이다
추위에 약한 이 녀석은 봄을 믿지 못하는 것이 아닐까
두려움에 몸도 마음도 잔뜩 움츠리고 있는 것이 확실하다
올해는 벚꽃 매실
밤나무가 싹을 다 돋은 뒤에야 싹이 돋았다
대추나무는 예로부터
양반 나무라 하여 늦게 잎을 피운다지만
올해에는 유난히 늦게 피우는 것이
무슨 변고가 있는 것 같다
겨울이 유난히 추웠으니 혹시 죽었나
아니면 이름 탓일까 봄이 되어도
봄을 아는지 모르는지
수줍게 피어난 감꽃을 보기까지 인내심을 시험한다
그게 끝이 아니다

서리 내릴 때까지 기다린 자에게만
붉고 부드러운 결실을 넘겨준다

지난 시간

사람들은 나에게 고생했다고 했지요
어린 시절 불쌍하다고 동정했어요
나는 슬프지도 힘들지도 않았어요
나는 부모님과 함께 있었거든요
입을 게 없고 신을 게 없고 먹을 것 없어도
나는 불행하지 않았어요

부잣집이 부럽지 않았던 건 아니지만
부모님 사랑이 감싸주셨죠
나는 부모님께 사랑 한번 드리지 못했는데

명약

사랑으로
다친 슬픔은 사랑만이 치료 약이래요
너무 쉽게 울지 말아요.
울음을 아껴요.
살다 보면 더 슬플 때가 있을지도 몰라요
비바람 분다고 걷기를 망설이지 말아요
비바람보다 억센 태풍 불어올지도 몰라요
차가운 겨울을 견딘 봄꽃 향기가 깊어요

선물로 받은 오늘이 행복이라는 것 알아요

주머니

내 수의에 주머니 하나 달아주시오
한 세상 사는 동안 어찌 옹이 하나 없었겠소
슬픔, 불행, 실패, 절망,
미움, 원망 모두 넣고 가리다
내 가져가서 이 세상에서 풀지 못한 한 다 풀어보리다
이렇게라도 해야 마음이 조금 편할 것 같소
내 다 가지고 간 후
후손들아 조금이라도 행복할 수 있다면
그것도 좋은 일 아니오

또한
후일담이 남지 않도록 하고 싶기도 하고

헛소문

너 그 말이 정말이니?
부끄럼 때문에 자존심 때문에
내게 말 못 하고 있었던 게
너 그 말이 정말이니?
그렇게 말한 것이 정말이니?
불안한 미래 때문에
너를 바라보지 못해서 미안해
너는 배꽃을 모른다고 했지
동그라미 쫓다가 망했다고 했지
헛소문 맞지?

안절부절 갈팡질팡하던 네 모습
믿을 수가 없어

괴목

나무야!
네가 못생겼다고 탓하지 마라
네가 반드시 심어질 자리는 이미 준비되어있다.
어디에 어느 방향으로
심어질 것인가 근심하지 마
어느 나무들 틈에 심어질 너
네가 심어지면
부족했던 공간이 새로움으로 채워질 것이고
구색이 맞춰질 것이고 정원은 빛날 것이다
촉촉하게 비도 내릴 것이다
네 아름다운 가지에 새가 앉을 것이고

아침 해가 뜨면
많은 사람들이 너를 보려고 몰려들 것이다

먹이

닭장 안에서
투두둑투두둑하는 소리가 나서 들어가 보았더니
참새 한 마리가
비닐과 차광막 사이에 껴서 나오지 못하고 있다
삶과 죽음 사이에서 발버둥 치고 있는 참새
그렇게 동물들은 먹이 때문에 죽음을 만난다
오직 한가지 먹이가 덫이고 덫 앞에 먹이가 있다.

동물 중 사람들도
돈 권력 명예 등 여러 개의 덫을 안고 살아간다
부평초처럼 둥둥 두둥둥 떠 있고 싶지?

우주여행

봄이 되면 무슨 소용이 있겠어요
눈물을 흘린다고 슬픔이 사라지겠어요
우연히 앨범 속에서 나를 보았죠
조금 쑥스럽긴 해도 그곳엔 봄이 있네요
어리석은 줄 알지만, 그곳으로 가고 싶네요
눈을 감고 무지개 꿈 곁으로 가네요

그대만이 오직 나의 우주였는데

숨바꼭질

나는 농사를 지으면서부터
배추가 무가 과일이 개가 닭이
나를 사육하고 있구나 하는 생각을 하게 되었다
그래서 저들에게 잘해야 하겠구나 할 때가 많다
처음부터 그랬던 건 아니다
처음에는 내가 사육하고 재배한다고 생각했지
닭은 과수원에 풀어놓았을 뿐인데 최고의 계란을 주었고
무는 밭을 푹푹 파고 씨를 뿌렸을 뿐인데
가장 신선한 무를 뽑게 했다
사과나무 몇 그루 사다 밭에 심어놓고 시간만 준 것뿐인데
비바람을 견디고 벌레와 싸워 이겨서
빨갛고 싱싱한 사과로
그들이 나를 먹여 키우는 동안
그까짓 사료 한주먹씩 얻어먹고
농장 구석구석을 순찰하며 지켜주는 개는 어떤가
저 녀석이 없었다면 닭도 과일나무도
텃밭에 야채들까지도 온전치 못했을 것이다

농사를 짓다 보니 보이지 않던 공로자가 보이고
농사야말로 그래서 행복한 일이 아닌가

바람길

바람이 분다고 탓하지 마시게
바람은 불어야 살아있는 거라네
바람도 가다가 지칠 때도 있지
가다가 멈추거든
눈길이라도 한번 돌리시게나
거리로 산으로 강으로 바다로
기다리는 사람 없어도
가다가 서고 섰다가 다시 가는
굴곡진 삶을 따라
그곳을 찾아가야 한다네

그 길이 바람길이라네
그것이 바람이 살아가는 운명이라네

비 내리는 날의 명상

비가 내린다
온 산천이 말끔히 씻긴다
바위 위에 쌓였던 흙먼지도 씻기고
꽃잎에 나뭇잎에 길가의
풀잎에 묻었던 먼지까지 씻긴다
그대로 두어도 아름다운데
자꾸 씻고 씻기는구나

씻고 씻겨야 할 건
버리지 못하고 쌓이는 내 가슴에 욕심 같은데

커피꽃

커피집 아가씨에게 인사 한번 나눴네
나는 한참 동안 그 아가씨 앞에 서 있네
그 아가씨도 아무 말 없이 나를 보네
그 아가씨 고운 미소에 나 홀랑 반해버렸네
커피 꽃보다 향기로운
아름다움에 나 또 한번 반하네
사슴처럼 착한 눈과 고운 미소가 나를 사로잡았네

나 오늘 멋지게 빼입고
콧노래를 부르면서
또 그 아가씨 만나러 가네

이유 있는 결과

아내는 왼쪽 어깨가 나는 오른쪽 어깨가 부실하다
아내는 늘 소화는 잘된다고 말해왔기 때문에
나는 그 장담이 걱정되었다 그 자신감이 불안했다.
그래서 아내는 왼쪽 어깨로 나는 오른쪽으로 잤다.
그래서일까 아내는 왼쪽 어깨가
나는 오른쪽 어깨가 부실하다.
덕택에 아내의 위장은 무사하다

늙고 나서 보니
그 시절이
그 시간이
너무 행복했고 그립네

붕어빵

허름한 외투 주머니에 붕어빵 한 봉지를 넣는다
타다남은 지느러미의 고소함과
뱃속에서 새어 나오는 팥의 구수한 냄새를 맡으며
외투의 검고
차가워진 표정을 정화하며 집으로 간다
외투 끝자락이
눈보라에 젖어가는 것쯤 대수냐

아내의 거칠어진 손에 빵봉지를 건넨다

아래쪽 인간

역류성 식도염에 좋다기에
침대의 머리 부분을 높여놓았다.
자다 보니 자꾸 미끄러져 내리고
허리나 어깨가 끌려 내려가지 않으려고 버티다 보니
자고 나도 몸살 난 것처럼 개운치가 않다
불편함이 자꾸
나를 끌어내리고 급기야 아래쪽으로 내려가서 잔다
그렇다
나같이 아래가 맞는 사람은
아래에서 시달리더라도 아래가 편하다

아래쪽이 편한 것을 알고 나니 다시는
위쪽은 올려다보기도 싫다

영웅

사람들은 십 년만 젊었으면
하고 말들을 하죠
당신도 그렇게 생각하고 계시나요.
그러지 말고 십 년 후를 준비하면 어때요
오늘 당신은 잘살고 있어요
나는 당신의 멋진 오늘을 응원해요
아무도 흉내 내지 못하는 멋진 인생

당신은 오늘을 이겨낸 그대의 영웅입니다

행복한 결말

그대 그렇게 억울하신가요?
그렇게 분하고 슬픈가요?
그렇다면 뒷산으로 올라가 보세요
수많은 사연이 자라고 있는 숲속으로 가세요
그리고 숲의 상처를 보세요
아무도 없는 숲속에서
실컷 소리 지르고 울어보세요
가슴도 치시고요
그렇게 소리치고 울다 보면
그 일이 그대와
아무 상관 없는 일처럼 느껴지게 될 겁니다

다 부질없는 것이었다고
그렇게 웃고 있는 당신을 만날 겁니다

송아지

송아지아기송아지야
엄마예쁜 뿔을닮거라
매끈하고날카롭지만
안쪽으로구부러진 뿔
네여린다리로엄마와
논둑길을함께걸어봐
송아지노오란등위에
노오란나비함께나네

송아지아기송아지야
아빠힘센뿔을닮거라
무뚝하고투박하지만
양쪽으로힘차게선뿔
네짧은다리로아빠와
논둑길을함께걸어봐
송아지노오란등위에
노오란나비함께나네

엄마아빠느려진걸음
논둑길을함께걸어봐

어머니의 사랑

어머니가 돌아가신 지
20여 년이 되도록 꿈속에도 오시지 않는다
사랑을 끊으셨나 보다
아니면 나 혼자 열심히 살라고
보고 싶어도 인내하시는가
하지만 어머니 열심히 살 테니
한 번만이라도 뵙고 싶습니다

어머니는 지금도
그곳에서도 자식 사랑만 하고 계시나 보다

낫 갈기

마루에 앉아서 서툴게 낫을 갈고 있는 나를 보시던
아버지가 '아무리 좋은 낫이라도 옥 갈면 아무 데도 쓰지 못한다'면서
옥 갈린 낫을 다시 갈아 바로잡아주신다
옥 갈린 낫이
바로 잡힐 때까지는 아주 오랜 시간이 걸렸다.
급하면 모든 일이 옥 갈리기 쉬운 법
나는 인생을 옥 갈면서
낫만 탓하고 있었던건가

아버지는
지금도 넌지시 바라보고 계신다

가장 아름다운 꿈

어디서 노랫소리가 들렸습니다
'당신의 생일을 축하합니다
당신의 41번째 생일을 축하합니다.
당신의 생일을 축하합니다'
정말 곱고 청량한 아가씨의 음성입니다.
소박하고 아무 티 없는 가장 행복한 음성입니다
얼마나 부드럽고 곱던지 뼛속까지 파고듭니다
촛불을 끄라는 말에
'후~'
깜짝 놀라서 깨어보니 꿈이었습니다
70세가 되던 날 아침에 꾼 꿈이었습니다
인생은 꿈속에서도
늘 행복한 꿈을 꾸려는 존재인가 봅니다
아내와 소박한 아침 식탁에 마주 앉았습니다

부부가 함께 아침을 맞는 것도 꿈같은 꿈입니다

공작새

전쟁통에 정글 속에 오래 머문 적이 있습니다
천년의 정글은 한적하고 고요합니다
가끔 동물원 그물망 속에서나 보던 각종 새들이
푸드덕 지나갑니다

그때에야
그 아름다운 새들이 이 정글 속에서 잡혀 와서
구속되고 있었다는 것을 알았습니다

다민족

청솔모는 경우를 아는 짐승입니다
잣이 한참 익어가는 8월 말이 되면
뒷산 잣나무에는 어김없이 나타나는 그 녀석은
잣을 하나 따서 먹으면
하나쯤은 따서 밑으로 떨어뜨립니다
그것도 가장 크고 실한 것으로
하기야 타국에 와서 정착하려니
그 정도의 생각이나 노력은 해야 했을 겁니다
청솔모 하면 처음에는 무조건 싫었습니다
다람쥐만이 최고라고 생각했습니다

시선을 조금 넓혀보니 우리는 지구촌에 함께 사는
똑같은 입장이라는 것을 알게 되었습니다

잔디길

사람들은 아무도 밟히려고 하지 않죠
그건 나도 그렇습니다
그런데 어느 묘지 앞을 지나면서 생각이 바뀌었습니다
후손들이 잘 가꾸려고 정성을 쏟은 봉분보다
사람들이 늘 밟고 지나다니는 묘지 앞길 잔디가
훨씬 싱싱하고 건강한 것을 보았습니다
누구의 보살핌이나
눈길조차 받지 못하고 상처만 받은 잔디길

그렇습니다
누구에게 조금 밟히고
상처받는 것도 그다지 나쁘지만은 않구나 하는 것을
그 잔디 길이 가르쳐 주었습니다.
그것이 오히려 나를 건강하게
키워 주었구나 하는 고마운 마음이 드는 아침이었습니다

4부

시간이 준 지혜

출생

내가 엄마의 태교로 행복한 출생을 꿈꾸고 있는데
어느 백발노인이
같은 날 태어날 모든 아기를 모아놓고
"너희들이 태어날 세상은 쉽지 않을거야."라고 말을 해놓고
사라지는 바람에 새파랗게 질려있는데
누가 엉덩이를 때려서 정신을 차려보니
그 노인의 말대로
매부터 맞고 울면서 세상과 만났다

우리는 모두 울었다

경고

몸에 앉는 모기에게
경고를 하기 위해서 손바닥을 치는 사람은 없다.
모기는 실패한 손바닥을 비웃기라도 하듯
경고를 무시하고 바람 부는
반대쪽으로 다시 공격하다가 결국 죽는다
사람들에게도 수많은 경고인 듯 아닌 듯 지나가는 경고들
선택의 기로에서
어떤 사람은 결국 경고를 무시하고 절망의 나락을 자초한다

황현은 부패한 지식인들에게 경고하고 유작시 4편을 남기고
나라가 패망하는 것을 비관하여 자결했다고 한다
요즈음은 왜 이런 선비가 없을까?

시간이 준 지혜

자식을 간섭하지 말자
친구를 비난하지 말자
부모를 원망하지 말자
배우자를 탓하지 말자
세상을 미워하지 말자
죽고 사는 문제가 아니면 초연해지자

세월은 혼자 가지 않는다
가슴 따뜻한
사람에게 지혜를 뚝뚝 떨어트리며 간다

보슬비

맞아야 할 비가 보슬비다
맞지 않으면 억울할 비가 가을 보슬비다
속옷까지 벗어 던지고 맞고 싶은 비다
지구를 돌고 돌다가 수십 년 만에 내게 온 행복이다
누가 이 부드러움에 취하고 싶지 않을까
어느 세월에 이런 호사를 또 누릴까
나는 비를 맞으며 생각한다

사람도 가을 보슬비만큼 부드러워질 수는 없을까

쫄복

"우리 마을에 오시거든 꼭 쫄복집에 들려요"
꾸들꾸들 말라가는 것들의 진가를 보여주는 곳
집안으로 들어서기도 전에
시골풍의 멋과 품격의 장대에 널려있는 쫄복
매끈하게 몸매를 자랑합니다

반건조는 돼 봐야 매끈한 것이 무엇인지 알지
해맑은 미소를 짓습니다
쫄복 만큼 쫀득쫀득하게
부질없는 세월 꼬들꼬들 건조나 해봐야겠습니다.

자명종

이젠
자명종이 필요 없는 때가 되었다
젊었을 때는 잠이 부족했거나
책임감이 투철했거나 지나치게 소심했거나 했음으로
자명종을 이중삼중으로 해놓고도 불안했었는데
이제는 아무리
중요한 약속을 하더라도 알람이 필요 없다
아침이 아니더라도
저절로 일어날 시간과 관계없이 잠이

수시로 깨어나는
나이가 되었으니

중년의 사랑

아내의 어깨에 팔을 얹고 싶어도
잠이 깰까봐
싫어할까봐
아내의 잠든 모습이 사랑스러워서
그대로 바라보다가 잠듭니다

아내의 허벅지에 다리를 올려놓고 싶어도
무거워 할까봐
아파할까봐
아내의 잠든 모습이 귀여워서
무심히 바라보다가 잠이 듭니다

아내가 이불을 끌어다가 돌돌 말고 자더라도
이불을 끌어오고 싶어도
추워할까봐
놀랠까봐
아내의 늙어가는 주름살이 안쓰러워서 얼굴만 쳐다보다가
몸을 바짝 웅크리고 빈 이불로 잠을 잡니다
감기가 잔뜩 온 것 같습니다.
에~에에취!

하지만 아내는 내가 자기를 사랑하지 않는 것 같다면서
오늘도 투정입니다

입원실

아침에 입원실 창문을 열고 보니
달님이 아직 지지 않고 창틀에 걸렸네요
어젯밤 빌지 못한 소원 모두 빌라고
한 번 더 기회를 주겠다고 기다려요
달님의 배려는 고맙고 고맙지만
내 인생도 서산에 걸렸으니
그 수많던 소원 다 사라지고
그중에 빌어야 할 소원은 단 한 가지

참 어려운 소원
내일도 오늘처럼 웃을 수만 있으면 좋겠습니다
입원하면 없던 소원도 생긴다지만

반성

참 우습게 산 것 같습니다
선인지 악인지 생각지도 않고 되는대로 살았습니다
지금 생각하니 참 운이 좋았네요
아주 나쁜 상황은 없었으니
참 기가 막히고 어처구니없는 일들도 많았습니다
지금 생각하니 참 끔찍하기도 합니다
그런데
그때는 아무 생각도 없이
그런 일들을 저지르고 지나갔습니다
참 푼수 짓도 많이 했어요.
지금도 그렇게 살고 있는지도 모릅니다

무책임했어요
그렇게 세월 다 보냈으니 참 허망하네요
빌어먹을

석가모니 탄신 일

식사하고 있는데 쉬파리 한 마리가 들어와
식탁을 두어 바퀴 돌더니 그대로 나가 버린다
고기도 없고 생선도 없고
푸성귀 몇 점에 된장찌개가 마음에 들지 않았나?
그래도 잠시 앉아서 맛이라도 보고 가지

자네와 겸상할 마음의 준비는 되어 있었는데
우리도 예전에는 없어서 못 먹었지
지금도 없어서 못 먹는 사람이
많다고는 하데만

오늘이 석가님 탄신일이야
관세음보살

술병

빈 술병이 꼿꼿이 서 있으면 술병도 아니지
늘 술만 담고 있었는데
술에 취하지 않을 방법이 있나
술병인들 늘 독한 술만 담고 싶었겠어
고소한 참기름이나 들기름을 담거나
순수한 물이라도 담고 소박하고 싶었겠지
운명이려니 하고
또 고단한 사람들에게 위로가 된다기에 참고 살았지
그런데
술을 잘 마시고는 빈 병은 아무데나 내던지던지
어두컴컴한 구석빼기에
처박아 놓고 쳐다보지도 않는 거야
나 참 고단했어
고단하게 살던 내 친구도
갑자기 빈 술병처럼 쓰러지더라고
운명이란 놈은 인정사정도 없는가 봐

야! 나 쇠주 한 잔 생각난다

가래떡

가래떡을 굽는다
딴눈 판 사이에 뒤집어보니 벌써 탔다
아니
뜨거우면 돌아누울 것이지
제 몸이 저렇게 탈 때까지 그대로 누워있다니
생긴 것은 둥글둥글 생겼는데
자신의 장점을 살리지 못하는
이 멍청한 녀석
노릇하고 고소하게 구워졌으면 얼마나 좋았어
할 수 없이
내가 가래떡을 굴려 가며 굽는다

그래
섣불리 외모만 믿어서는 안 되겠어

허둥지둥

허둥지둥
부평초처럼 떠다닌 세월이 60여 년
잡아준 사람도 없고 질책한 사람도 없으니
혼자 이리 갔다 저리 갔다
이렇게 하다 저렇게 하다
버린 세월이 대부분

그래도 이게 어딘가
결국
남은 세월이 나란 말이지

꽃길

지금 생각해 보니
골목길은 아주 작고 낡은 집으로 가는 길이었습니다
가슴 아프고 고독한 그런 길이었습니다
가파르고 숨 차오르고 어두운 길이었습니다
으슥하고 추한 냄새가 나는 그런 길이었습니다
그때는 그런 길이 아니었습니다
아무런 불편도 불평도 없던 길이었습니다
아무것도 모르고 콧노래를 부르며 오르내리던
그런 길이었습니다
지금 생각해 보니
나의 겸손을 훈육하던 길이었습니다
행복의 깊이와 무게를 느낄 수 있게
감성을 키워준 그런 길이었습니다
먹구름을 뚫고 내리쬐는 햇살처럼
내 끈기를 키워 주었던 길이었습니다
고난은 그냥 실없이 지나가는 법이 없습니다

그 길은 내가 걸었던
길 중에 가장 아름다운 꽃길이었습니다

애완동물

사람들은 자신을 믿게 하기 위해서
믿어라 믿어라 왜 못 믿어라고 말한다
그리고
많은 사람이 자신을 믿을거라고
생각한다
그러나
믿어주는 사람은 얼마 없기 마련이다

믿음은
믿게 했을 때만 믿게 하는 고집쟁이다
애완동물도 함부로 믿지 않는 게 좋다

나무 생각

나무에 새가 날아오지 않으면
얼마나 북적일까?
나무에 바람이 불지 않으면
얼마나 흔들릴까?
나무에 눈이 쌓이지 않으면
얼마나 차가울까?

나무는 멀리 떨어져 있는 나무가
죽을 때만 슬퍼한다

청문회

방죽 멸치가 좋다기에 주문을 해 보았더니
그놈도 머리가 떨어지고
꼬리가 붙어지고
바늘이 벗어진 것이
여느 멸치와 별로 달라 보이지 않는다
그 숫자가 조금 적기는 했지만
기대되는 것은 국물 맛
젓갈 담으면 감칠맛이 더 난다던가
세상의 입소문이
사실과 많이 다른 것이 현실이니

그러려니 하고
조금 기대를 낮추는 것이
차라리 내가 할 수 있는 일이겠지

먼지

냉장고를 옮기다 보니
위와 밑에 먼지가 수북하다
불과 일 년여 밖에 되지 않았는데
눈에 띄지 않은 곳으로만 스며드는 먼지
어둑하고 구석진 곳을 좋아하는
습성 때문에
아무도 관심 없는 곳에 쌓였다
얼마나 많은 곤충들과 세균들이
진을 쳤을까
어둑하고 구석진 곳은
물건에게만 있는 것은 아니다

나의 구석진 마음을 꺼내 본다
먼지가 가득하다
마음이 무겁다

길에서 만난 사람

어디서 많이 본듯한 사람
들은듯한 목소리
낯익은 걸음걸이, 옷차림
길에 나가면 그리운 사람과
닮은 사람을 만난다
비켜 지나간다
착각하여 부르기도 한다

그 정다운 기억과 추억들
그들을 만나기 위해
나는 오늘도 길에 나간다

철길

기차는 철길 위를 달린다
그 길만을 달리고 달려
사람들이 어리석다고 할 때까지
달렸으므로
다른 길은 모른다

우리는 기차가 철길을 벗어날 때를
탈선이라고 말한다

눈에 보이지 않는 힘

오리를 키우다가
오리가 물에 빠져 죽는 것을 보았다
누가 상상이나 할 법한 일인가?
부화한 지 한 달쯤 되었을까
닭장 안 오리 새끼에게 물통 하나를 넣어주고
물을 채워 주었다
이튿날 아침의 일이다
오리 새끼 두 마리가 익사 한 것이다
물통에서 빠져나오지 못하고
밤새 물 위에 떠 있다 보니
기력이 빠졌던 것 같다

오리가 물에 떠 있는 것은
그대로 떠 있는 것이 아니고
계속 발을 움직여야 했던 것이다

청계산

어느
명문 가문의 뚝심 있는 맏아들처럼
천만년 청계를 지켰구나

봄이 되자 매봉, 옥녀봉 잔설을 녹여
수수 봄꽃을 피워 제 몸을 단장하고

여름 되어 맑은 계곡물로
심신을 닦아 정제하더니

세월에 물감을 들여
<u>스스</u>로 빛낼 줄을 아는구나

이제 정좌에 들 시간
하얀 겨울을 덮고 한해를 마감하여라

나는 보았노라! 그 기상을
내
한 백 년을 그대의 품에 의탁하노니

꼬리 개구리

논둑에 있던 꼬리 개구리들이
모닥불에 콩 튀듯이
툼벙 툼벙 벼포기 사이로 뛰어들며
피아노를 친다
투두둑 쏟아지는 소나기처럼
도레미 미솔도 미미
한참 동안
쥐죽은 듯이 조용하더니
다음 논둑에서
도레미 미솔도 미미
아직 꼬리도 떨어지지 않은 것들이
목숨 소중한 것을 어떻게 알까
내가 잡으러 온줄 아는가 보다
예전에는 많이 잡았지

미안해 정말 미안해

돌밭

돌밭을 지나다가 생각했다
그래도 서로 닮은 게 있겠지
쪼그려 앉아서 맞춰본다
백이면 백 다 다르다
허튼 수고였다
네가 나를 알 거라고
알아달라고 했던 게 잘못이었다
그래
내가 맞추려고 했어야 했어
그러고도 안되었을지 모르는데

돌밭에 털썩 주저앉으니 포근하다

다보도 사랑

은빛모래알사랑소복소복
황해로흐르는하아얀물결
다보도아가씨손을잡는다
청춘은춤추는바다갈매기
사랑사랑금빛노을을안고
달빛에은하수사위어가도
파도소리에사랑이익는다

*다보도 : 대천해수욕장 앞에 있는 무인도로 기암괴석과
　　　　하얀 차돌 해변으로 이루어진 환상의 섬

최후의 승자

뛰는 놈 위에
나는 놈
나는 놈 위에
노리는 놈
{들짐승들의 날짐승 사냥}
노리는 놈 위에
베푸는 놈

이태규 1~4시집 추천사와 평론

이태규 시집 『향기의 나이테』

연민의 정에서 솟아나오는
향기의 실체, 향기의 미학

 *심산유곡에서 향기를 풍기며 고고하게 자라나는 더덕 뿌리는 자신의 속살을 드러내지 않는다. 시인은 바로 그런 더덕 뿌리의 정신을 견지하고자 한다. 깊고 깊은 고향 향기를 뿜어내지만 결코 자신의 모습을 드러내지 않는 더덕처럼 '향기의 나이테'를 지닌 존재가 되고자 하는 마음으로 지난 세월 시인은 시를 써온 것이리라.
 *'목숨을 갖고 한 생을 사는 것들이 왜 이렇게 고통을 당해야만 하는가'라는 생각은 불교적으로 말하면 자비심과 보시의 정신으로 연결되고 기독교적으로 말하면 사랑과 용서의 정신으로 연결된다. 넓게 말해 연민의 정이다.
 *"모든 죽어가는 것들을 사랑해야지"라고 윤동주가 노래한 것처럼 이태규 시인은 살아 있는 뭇 생명체에 대한 연미의 정을 갖고 시를 쓰고 있다.

- 이승하(시인, 중앙대 교수)

*이태규 시인의 시는 사물의 순례를 거쳐 향기로운 삶의 본질에 다다르고 있다. 그를 둘러싼 세계와의 불화를 연민으로 씻어내고 그가 체험하는 불가해한 존재의 비의를 화해로 받아들이는 기나긴 순례였다.

　이제 시인은 「설평기려」가 보여주듯 '새벽의 마음'을 몸 가득히 채우고 마음 닿는 대로 새 길을 떠난다. 작고 사소하고 춥고 혼자인 것들을 찾아 함께 껴안고 함께 웃을 수 있는 삶이야말로 향기의 실체이자 향기의 미학이기 때문이다.

- 박제천(시인, 문학아카데미 대표)

이태규 시집 『쥐악상추』

　시인 이태규는 하루하루의 일상 속에서 느끼고 깨달은 것을 시화하는 데 뛰어난 능력을 갖추고 있다. 이 일상성으로 인하여 이태규의 시는 다른 시인들의 시보다 가깝게 느껴지고 더 공감을 두고 있다. 시집에 나타난 일상성은 대체로 둘로 나눌 수 있다. 하나는 작품 「투명함에 대한 오해」 「못을 뽑아본 사람은 안다」 「돌담」 등에 담긴 삶의 지혜. 특히 「투명함에 대한 오해」에서 "속도 없는 줄 알았는데/보이지 않는 것의 속보다/보이는 것의 속이 더 깊었다"는 구절은 이 시인의 시적 역량을 충분히 가늠할 수 있는 대목이다. 다음에는 이태규 시가 간혹 보이는 시적 재미와 따뜻함이다. 「연꽃」 「할매곰탕집」 등이 그러하다. 나는 오늘날 많은 시인들이 시를 쓰면서 너무 힘을 주고 있다고 여기는 사람이다. 시가 가지는 재미를 잃고 있다는 얘기다. 시에 재미가 없으면 읽지 않을 것이요 독자들로부터 멀어지는 것은 당연하다. 이것 하나만으로도 이 시집이 세상에 선보이는 의미는 충분하다고 믿는다.

　　　　　　　　　　- 강우식(시인, 전 성균관대 교수)

시의 효용적 가치는 예술성과 삶에 감추어진 불가해한 감동성을 발현하는 창조성에 있다. 그리고, 그 무한한 은익성의 인간가치를 언어로 드러내고 만나게 하는 쾌미에 있다. 이태규 시인은 현실의 일상적 삶을 시의 밭으로 삼아서 갈고 닦는 내면경작內面耕作으로 시의 독자성을 내보인다. 그래서 친근미가 있고, 평범함의 일상적 각성과 반짝이는 감성을 경험하게 한다. 친밀한 보편성의 시가 지니는 소박미로써 수월하게 접근하게 되는 이태규 시인의 시에는 조작된 허황기가 없어서 진실하다.

- 윤강로(시인)

이태규 시집 『반사된 세상』

　이태규는 이번 시집 『반사된 세상』의 시편을 통해 존재의 근원을 자문자답하는 형식을 펼쳐 보여준다. 이 자문자답은 시인의 생이 존재하는 이유이고 근원을 찾아가는 방식이다. 그가 짧은 시편으로 전개하는 존재론적 깨달음의 장면들이 이를 잘 대변한다고 할 수 있다. 그는 이러한 생의 진행과 함께 여기 이 자리에 자신이 존재한다는 자각으로 시적 대상들과 합일을 지향한다. 또한 시편마다 세상과 서로를 연결하며 상생하고 함께 존재하려는 의지를 드러낸다. 이태규의 시편들은 시적 대상과 인간의 연대감을 조성하며 화합을 도모하는 시가 대부분이다. 그만큼 포용력을 가지고 대상의 깊이를 주시한다. 또한 그는 시적 대상에게서 자신의 모습을 발견하며 그 대상에게 자기위안과 의미 부여를 하기를 마다하지 않는다. 시적 정의를 내리며 분별하는 마음을 지워버리려 한다. 이러한 정결성은 이태규의 심원한 성찰과 통찰이 겸비되기에 가능한 시적 행위라고 할 수 있을 것이다.

— 이덕주(시인, 문학평론가)

이태규 시인의 시집 『반사된 세상』은 과거를 통해 현대를 살아가는 우리의 눈과 마음을 반성적으로 돌아보게 하는 모종의 교훈들을 담고 있다. 가난했으나 더없이 인간적이고 따스했던 시인의 가족사는 변화된 가족관계와 인간관계를 이야기한다. 하지만 시인은 목청 돋운 비판을 앞세워 독자의 반성을 촉구하는 대신에 우리가 잃어버린 지난 시간의 이야기들을 낮은 소리로 들려준다. 조곤조곤 속삭이는 행간에는 앞만 보고 달려온 우리가 미처 다 채우지 못한 등 뒤의 여백이 하나 있는데, 이 여백에는 자연이 있고 정이 있고 정직한 노동의 땀방울이 배어있다. 그저 비워있음이 아니라, 채워져 있으나 보이지 않는 내면의 여백이다. 시인의 시집 속 시들이 지난 시절에 대한 단순한 그리움이나 회귀의식으로 읽히지 않는 까닭이 여기에 있다.

- 최 준(시인)

이태규 시집 『왕 도둑놈』

두두물물의 공감과 여운
시를 농사짓는 보석 같은 깨달음

  이태규 시인은 느지막이 청계산 골짜기에서 땀 흘리며, 농사일을 하는 것을 일생 중 가장 잘 한 선택으로 생각하는 사람이다. 사과나무, 감나무, 매실나무 등과 무, 배추, 토마토, 상추, 쑥갓 등의 채소를 가꾸고, 오리, 닭 등을 기르면서, 기쁨과 보람을 느끼는 그는 입버릇처럼 농사 속에 세상의 모든 철학이 들어 있다고 말한다. 이태규의 시는 말하자면 농사에서 체험하고, 느낀 것을 쓰고, 만족하는 자연스러운 분출의 기록이다. 그래서인가, 그는 애써 시를 꾸미거나, 기교를 부리지 않는다. 일상적 낱말로 이루어진 평이한 문장으로 시를 빚는다. 언덕 위의 오이나 호박처럼, 열리는 대로 마디마디 소박한 생각을 시로 수확한다. 그러면서도 그는 평범함 속에 보석 같은 깨달음의 알맹이를 숨겨 놓아, 두고두고 되새기게 하는 독특한 시 농사법을 터득하고 있는 것이다.

                                      - 윤정구(시인)

이태규 시인의 작품을 읽으면서 마주치는 삶의 아포리즘도 청량했지만, 30여년을 바라보는 시에의 헌신과 연찬에 힘입어 샘물처럼 졸졸졸 솟아나오는 나름의 세상이치는 보기만 해도 가슴이 시원해지는 개울물처럼 유창하고 청신하였다. 한마디로 말해 이 시집에 수록된 작품들의 대부분은 일견하기엔 단순 소박 진실하기 그지없지만 매 작품을 감싸고 있는 시인 특유의 천진과 무욕과 연민으로 인해 읽어나갈수록 따스한 공감과 여운이 메아리쳐지는 것이 특징적이었다. 시인은 삶의 일상에서 만나는 갖가지 현상에 대해 굳이 에둘러 말하지 않고, 입에서 나오는 대로 표현한다. 세상의 두두물물에서 자신의 모습을 발견하고 그 삶에 대한 지혜를 읽어내는 탁월한 안목을 지니고 있다.

- 박제천(시인, 문학아카데미 대표)

그리움으로 가는 파도

2023년 1월 1일 제 1판 인쇄 발행

지 은 이 | 이태규
펴 낸 이 | 박종래
펴 낸 곳 | 도서출판 명성서림

등록번호 | 301-2014-013
주   소 | 04552 서울시 중구 삼일대로8길 17 3~4층(충무로 2가)
대표전화 | 02)2277-2800
팩   스 | 02)2277-8945
이 메 일 | ms8944@chol.com

값 10,000원
ISBN 979-11-92487-94-6

※ 잘못 만들어진 책은 바꿔드립니다.
　 이 책 내용의 일부 또는 전부를 재사용하려면
　 반드시 저작권자의 동의를 얻어야 합니다.